Lucy Daniels

Tierklinik Pfötchen
Kleiner Hamster, friss mal was

Alle Titel von **Tierklinik Pfötchen**:

Lucy Daniels

Tierklinik Pfötchen

Kleiner Hamster, friss mal was

Aus dem Englischen übersetzt
von Sandra Margineanu

Band 6

Loewe

Mit besonderem Dank an Janet Bingham.
Für Alicia. Mit Dank an Janice und Finn
und an Pauline und Bramble.

FSC
www.fsc.org
MIX
Papier aus verantwortungsvollen Quellen
FSC® C014496

ISBN 978-3-7432-1022-6
1. Auflage 2021
erschienen unter dem Originaltitel *Animal Ark – Runaway Hamster*

Erschienen in der Originalserie *Animal Ark*
Für die deutschsprachige Ausgabe © 2021 Loewe Verlag GmbH, Bindlach
Aus dem Englischen übersetzt von Sandra Margineanu
Umschlaggestaltung: Johanna Mühlbauer
Printed in the EU

www.loewe-verlag.de

Inhalt

Keinen Hunger?

„Hier ist dein Wasser, Sunny." Amelie Hayland klemmte eine Trinkflasche an der Vorderseite des Käfigs fest. Das flauschig graue Kaninchen hörte auf, Heu zu mümmeln, und trank einen Schluck. Amelie streichelte ihm durch die Gitterstäbe über das Näschen. „**Schön**, dass es dir besser geht und die Entzündung heilt."

Sam Baxter, Amelies bester Freund, stellte einen Napf mit Hundefutter in einen Zwinger

und tätschelte den Terrier mit dem rauen Fell. Die kleine Hündin wedelte vorsichtig mit ihrer verbundenen Rute. „Ruby geht es auch viel besser", sagte Sam. „Ich glaube, sie darf heute nach Hause."

Es war Samstagmorgen. Amelie und Sam waren in der Tierklinik Pfötchen, der Tierarztpraxis in Welford, und halfen im Hotel. So wurde der Raum genannt, in dem Tiere über Nacht bleiben konnten.

Die Tierklinik Pfötchen war Amelies liebster Ort auf der ganzen Welt. Sie und Sam hatten sich sehr angestrengt, um Mr und Mrs Hope zu beweisen, dass sie Verantwortung übernehmen konnten. Seitdem durften sie in der Praxis helfen. An den meisten Tagen kamen sie noch vor der Schule vorbei und am Wochenende natürlich auch. Amelie freute sich immer noch jedes Mal wie verrückt, wenn sie in der Tierklinik war.

„**Fertig**", sagte Sam. „Holen wir Mac. Er ist

so still. Hoffentlich stellt er nichts an."

Mac war Sams süßer Welpe. Als Sam und Amelie in den Empfangsraum kamen, entdeckten sie ihn. Er streckte gerade die Vorderbeine an Julia Kaminskis Rollstuhl hoch. Die Empfangsdame lachte und kraulte ihn unter dem Kinn. Macs Zunge hing ihm aus dem Maul und sein Stummelschwänzchen wedelte hin und her. Julia lächelte Sam und Amelie an. „Ich kann dem Süßen einfach nicht widerstehen!"

„Und er dir ebenfalls nicht", sagte Sam grinsend.

In diesem Moment drückte ein Mann mit einem Dreitagebart die Eingangstür mit der Schulter auf. Es war Mr Silva, dessen Familie das indische Restaurant in Welford gehörte. Er trug einen kleinen Transportkäfig für Hamster. Hinter ihm kamen seine Töchter Lena und Sofia herein, die zwei Klassen unter Amelie und Sam waren. Sie waren eineiige Zwillinge, aber trotzdem waren sie gut zu unterscheiden. Lenas dunkle Haare waren zu einem Pferdeschwanz zusammengebunden und sie trug ein Kleid, Sofias Haare waren kürzer und sie trug eine Jeans.

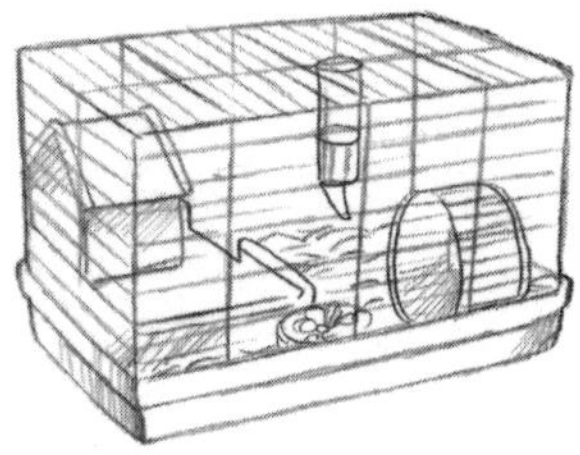

Julia lächelte. „**Guten Tag**, Jay. Hallo, Mädchen. Wen habt ihr uns denn da mitgebracht?"

„Unseren Hamster, Flip", sagte Lena. „Es geht ihm nicht gut."

„Das stimmt nicht", meinte ihre Schwester. „Er hat nur einfach keinen Hunger."

Mr Hope sah aus dem Behandlungszimmer. „Ist das Flip? Ihr könnt ihn gleich zu mir reinbringen."

Amelie hielt schnell die Tür für Mr Silva auf.

Zusammen mit Sam stellte sie sich dann dicht neben den Behandlungstisch, damit sie Mr Hope helfen konnten, falls er sie brauchte.

„Flip frisst also nicht", sagte Mr Hope. „Wie lange hat er schon nichts mehr gegessen?"

„Ungefähr drei Tage", antwortete Sofia.

„Nein", sagte Lena und schüttelte den Kopf. „Es ist schon länger."

„Er hat ziemlich an Gewicht verloren", erzählte Mr Silva.

„Und wie geht es ihm sonst so?", fragte Mr Hope.

„Er ist ein bisschen still", sagte Lena.

„Nur wenn du zu wild mit ihm warst", meinte Sofia.

„Ich bin überhaupt nicht wild mit ihm", sagte Lena.

„Mädchen!", schimpfte ihr Vater. „Bitte nicht streiten!"

Seine Töchter nickten eingeschnappt.

Mr Hope öffnete den Käfig und holte den schläfrigen Goldhamster heraus. Flip blinzelte und schob seine Nase zwischen Mr Hopes Finger, als wollte er sich zurück in ein kuscheliges Nest verziehen.

„Schauen wir uns mal seine Zähne und seine Backentaschen an", sagte Mr Hope. Er hielt den Hamster mit Zeigefinger und Daumen umfasst und

legte ihn vorsichtig mit dem Rücken nach unten auf seine andere Hand.

Flips Maul öffnete sich und vier lange, spitze Zähnchen wurden sichtbar, außerdem eine kräftige Zunge. Amelie sah die rosafarbenen Innenseiten seiner Backen. Sie wusste, dass er sie weit ausbeulen konnte, um darin Futter zu transportieren.

Mr Hope nickte. „Schöne Zähne, nicht zu lang."

„Sie sind aber gelb", meinte Sofia. „Mein Zahnarzt sagt, gelbe Zähne sind schlecht."

„Das gilt für Menschen", erklärte Mr Hope, „aber Hamsterzähne müssen gelb sein."

Lena stieß ihre Schwester an. „Siehst du? Ich hab's dir doch gesagt."

„Sein Mund und seine Nase sehen auch gut

aus", fuhr Mr Hope fort. „Aber er ist ziemlich dünn. Trinkt er genug Wasser?"

„Ja", sagte Lena.

„Nein", sagte Sofia.

Mr Hope sah die Zwillinge fragend an. „Also schon manchmal", gab Sofia nach.

„Er wirkt nicht dehydriert", sagte Mr Hope. „Das ist gut." Er untersuchte Flip gründlich und betrachtete sorgsam seinen Popo. „Sein Fell glänzt, kein Zeichen für die Nassschwanz-Krankheit."

„Was ist denn das?", fragte Amelie.

„Eine Durchfallerkrankung aufgrund von Stress", erklärte Mr Hope. „Nicht sehr angenehm."

Mr Hope setzte Flip zurück in den Käfig. Der Hamster steckte seine Nase durch die Luftlöcher und Amelie strich sanft über seine langen Barthaare.

„Was gebt ihr ihm zu fressen?", wollte Mr Hope wissen.

„Hamsterfutter", sagte Sofia.

„Ist doch **logo**", sagte Lena und rollte mit den Augen.

„Welches Hamsterfutter?", fragte Mr Hope geduldig nach.

„Auf der Packung steht Hamsterschmaus", erklärte Sofia. „Wir kaufen es immer im Zooladen. Da sind Samen drin und Maiskörner und so kleine Kerne ..."

„Trockenfutter, das für Hamster zusammengemischt ist, eignet sich sehr gut für ihn", meinte Mr Hope. „Aber vielleicht braucht er noch etwas anderes, um Appetit zu bekommen."

„Was schlagen Sie vor?“, fragte Mr Silva.

„Ein bisschen Obst oder Gemüse. Trauben und Äpfel sind gut. Und ich habe noch nie einen Hamster getroffen, dem ein Stück Karotte nicht geschmeckt hätte.“

Mr Silva schmunzelte. „Unser Haus ist voll mit Essen. Meine Frau und ich machen morgen einen Stand auf dem Genuss-Markt in Welford. Schon seit Tagen kochen wir Curry-Gerichte.“

Mr Hope lachte. „Bitte geben Sie Flip nichts mit Curry. Aber es klingt so, als ob Sie bestimmt etwas Leckeres für ihn finden. Sie können es auch mit etwas ungesalzenem Hüttenkäse oder Mehlwürmern versuchen.“

„Ich hoffe, ihr kommt alle auf den Markt morgen“, sagte Mr Silva. „Es wird auch Wettbewerbe mit Preisen geben und natürlich eine Menge gutes Essen. Ich empfehle das Tandoori-Hühnchen. Das ist unsere **Spezialität!**"

Amelies Magen knurrte. „Wir kommen!"

Mr Silva wandte sich noch einmal an den Tierarzt. „Wir geben Bescheid, wie Flip seine neue Nahrung gefällt."

„Ich trage ihn", sagte Lena und streckte den Arm nach dem Reisekäfig aus.

„Nein, ich", sagte Sofia und versuchte, den Griff zu erwischen.

Mr Silva nahm den Käfig an sich und scheuchte seine Töchter aus der Tierklinik.

Amelie warf Sam einen Blick zu, der nur mit den Schultern zuckte. Sie wusste, dass er das Gleiche dachte wie sie: Die Zwillinge können einfach nicht aufhören zu streiten!

Besondere Patienten

Amelie und Sam gingen zurück in den Empfangsraum, wo sich Mrs Hope mit Julia unterhielt.

„Wer ist unser nächster Patient?", fragte Mrs Hope.

Julia blickte auf den Computerbildschirm. „Annie Stein und Kate Grey. Sie kommen mit ihren vier Minischweinen zur Kontrolle."

Amelie bekam ganz heiße Wangen vor Aufregung. „**Oh,**

toll! Ich habe noch nie ein Minischwein gesehen."

„Ich auch nicht", sagte Sam. „Wie groß sind sie?"

„Junge Minischweine passen in eine Teetasse", antwortete Mrs Hope. „Wenn sie ausgewachsen sind, sind sie etwas größer als Mac."

Eine Frau mit Locken kam herein. Sie führte zwei kleine Schweine an hübschen gelben Leinen.

Amelie seufzte entzückt auf. „Sind die **niedlich!**"

Die Schweine waren rosa mit schwarzen Flecken. Sie hatten nach oben gerichtete Schnäuzchen, Hängeohren und Ringelschwänzchen. Es sah aus, als würden sie mit ihren zierlichen Hufen auf Zehenspitzen laufen. Mac betrachtete sie mit neugierig schief gelegtem Kopf.

Hinter ihnen kam eine große Frau mit kurzen Haaren in die Tierklinik. Sie hielt zwei dicke Lederleinen in der Hand. Von draußen ertönte lautes Grunzen und Quieken.

Amelie stupste Sam an. „Hört sich an, als hätte sie Nilpferde dabei."

Hereinspaziert kamen zwei weitere Schweine. Wie die ersten beiden waren sie rosa mit schwarzen Flecken, Hängeohren und Ringelschwänzen. Aber hier hörte die Ähnlichkeit auch schon auf. „Teetasse, vergiss es“, dachte Amelie. „Diese Schweine würden noch nicht mal in eine Badewanne passen!“

„Boah“, flüsterte Sam. „Also das sind keine Minischweine ...“

„Das sind **Riesenschweine**", erwiderte Amelie.

Die großen Schweine erkundeten den Empfangsraum und zogen ihr Frauchen dabei einfach hinter sich her. Ein Schwein watschelte zu Mac, der zurückwich und sich hinter Sams Beinen versteckte. Das andere schnüffelte über den Boden und stieß mit seinem kräftigen Hinterteil einen Ständer mit Flugblättern um. Die Frau lachte verlegen.

„Entschuldigung! Hör auf, Daisy!"

Mac winselte und Sam bückte sich zu ihm runter, um ihn zu streicheln. „Schon gut, Mac. Die Schweine sind nur neugierig."

Die zwei Minischweine hatten ebenfalls nicht stillgehalten. Sie wuselten laut quiekend um ihr

Frauchen herum und umwickelten ihr dabei mit ihren Leinen die Beine wie mit Fesseln.

„**Hilfe!**", rief sie.

Ein Schweinchen machte einen Satz vorwärts. Die Frau torkelte, dann stolperte sie und ließ die Leinen los. Sofort sausten die Minischweine Richtung Tür. Amelie sprang los, um eins zu fangen, und Sam hechtete nach dem anderen. Fest drückte Amelie das gefangene Schweinchen gegen ihre Brust. Es zappelte und schmiegte seine flache feuchte Nase gegen ihr Gesicht. Amelie lachte und kraulte ihm die borstige Haut hinter den Ohren.

„**Meine Güte!**", seufzte die Frau und rappelte sich auf die Beine. „Das tut uns sehr leid. Ich bin übrigens Annie."

„Und ich bin Kate", sagte die andere Frau. Sie lächelte Sam und Amelie nervös an. „Danke, dass ihr Tammy und Tim eingefangen habt. Sie können so frech sein."

Mr und Mrs Hope halfen den Frauen, die großen Schweine in das Behandlungszimmer zu locken, während Amelie und Sam mit den beiden kleinen folgten. Sie setzten sie auf dem Behand-

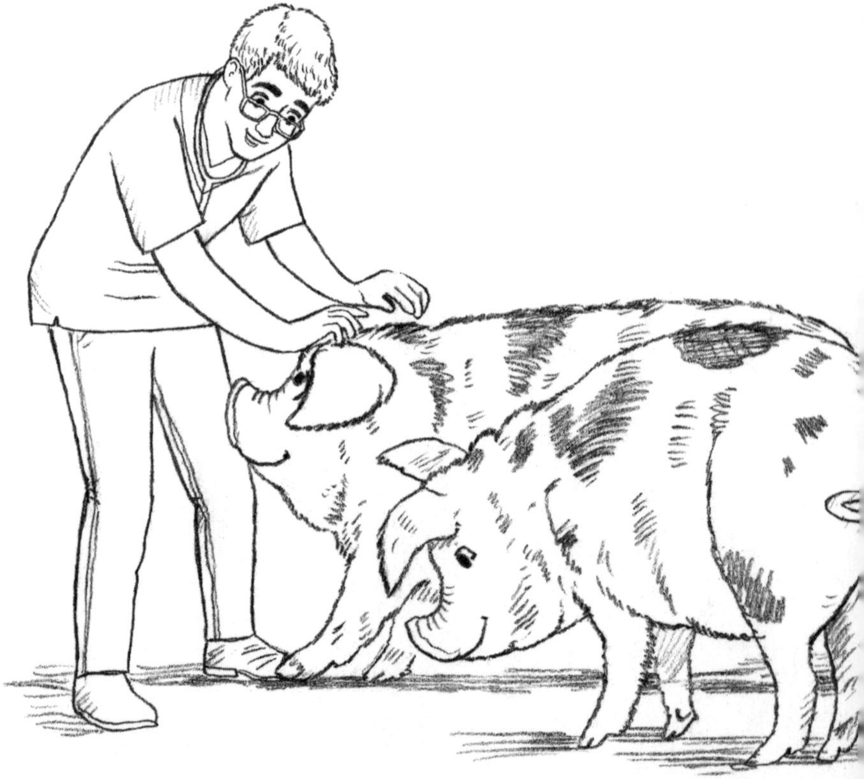

lungstisch ab. Die zwei großen Schweine blieben auf dem Boden – sie waren fast so groß wie der Tisch!

„Dann schauen wir uns die Schweine mal an", sagte Mr Hope. „Ich fange mit den großen an, Pip und Daisy, richtig? Also dann, ähm, ich kann mich nicht bewegen ..."

Pip stand mit seinem großen Huf auf Mr Hopes Fuß. Amelie kitzelte leicht das borstige Bein. Pip

schwang seinen Kopf zu ihr herum und hob seinen Huf hoch.

„**Puh!**", sagte Mr Hope und kniete sich hin.

Mrs Hope untersuchte die kleinen Schweine. „Amelie, gibst du mir bitte das Otoskop?", sagte sie. Stolz erfüllte Amelie, als sie das kleine hammerförmige Gerät aus dem Regal nahm. Mrs Hope sah damit in Tims Ohren.

Sam hielt Tammy auf dem Tisch fest, die auch gleich drankam. „Ich wusste nicht, dass Minischweine so groß werden können."

Kate lächelte. „Glaub es oder nicht, aber sie waren als Ferkel alle ganz klein. Es hat damals eine Verwechslung gegeben. Wie sich herausstellte, waren sie aus unterschiedlichen Würfen. Daisy und Pip sind gar keine Minischweine. Wir waren geschockt, als sie immer größer wurden."

Amelie tätschelte Daisys Schulter. „Wohnen sie bei Ihnen im Haus?"

„O nein", antwortete Annie. „Sie sind zwar Haustiere, aber sie sind sehr gerne draußen im Garten und wühlen in der Erde herum."

„Als sie noch klein waren, hatten wir genügend Platz", fügte Kate hinzu. „Aber jetzt nicht mehr."

Nach einer Weile waren die Tierärzte mit ihrer Kontrolle fertig. „Pip und Daisy sind bei bester Gesundheit", erklärte Mr Hope.

Mrs Hope nickte. „Tammy und Tim auch."

„**Wunderbar**", sagte Annie. Sie kraulte Daisy den Nacken. „Dann bringen wir euch mal wieder nach Hause ..." Sie und Kate nahmen die Leinen und kämpften sich mit den Schweinen aus dem Zimmer.

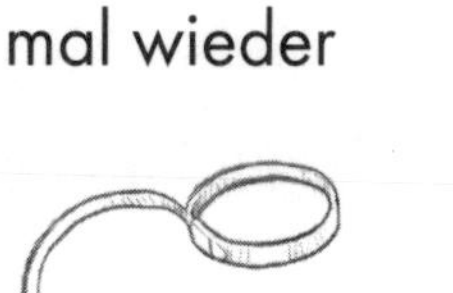

Amelie und Sam folgten ihnen zum Empfang.

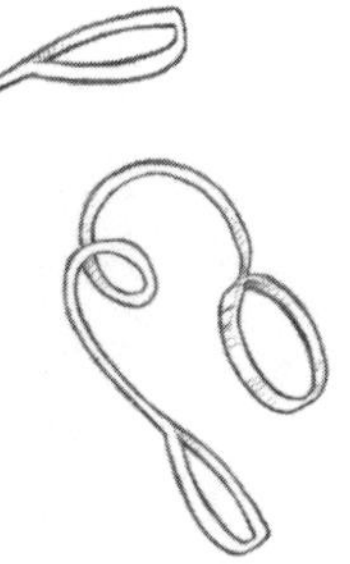

Eines der großen Schweine schnupperte an etwas unter Julias Tisch. Kate zog an der Leine.

„**Hopp, hopp**, Daisy."

Daisy drehte sich um und marschierte schnell in die andere Richtung. Beinahe hätte sie ihr Frauchen von den Füßen gerissen.

Sam und Amelie sahen sich an, dann sprangen sie zu Hilfe. „Wir können euch nach Hause begleiten", bot Amelie an. „Also, wenn alle einverstanden sind."

Mr Hope nickte. „Natürlich."

Kate lächelte sie dankbar an. „Das wäre toll." Sie reichte Amelie und Sam die Leinen der Minischweine, sie und Annie übernahmen jeweils ein großes Schwein.

Auf dem Weg nach draußen sammelte Sam noch Mac ein und kurze Zeit später spazierten

sie alle gemeinsam die Straße entlang. Amelie betrachtete Tammy und Tim, die munter neben ihnen liefen. „Die Schweine gehen bei Fuß, so wie Mac“, stellte sie fest.

„Schweine zu erziehen ist eigentlich recht einfach", erzählte Annie. „Sie sind **sehr kluge Tiere**."

Doch als sie an der Dorfwiese vorbeikamen, beschleunigten die Schweine plötzlich ihr Tempo. Annie und Kate mussten rennen, um mit ihnen Schritt zu halten. Tim zog ebenfalls an seiner Leine, die sich plötzlich ganz schlaff anfühlte. Amelie keuchte erschrocken auf. Tim hatte sich aus seinem Geschirr befreit. Er sprang mit munter wippendem Ringelschwänzchen auf die Blumenbeete zu.

„**Schnell, Sam!**", rief Amelie. „Wir müssen ihn fangen!"

Badezeit

Mit Mac und Tammy rannten sie dem entwischten Schweinchen hinterher. Doch Tim galoppierte los und machte plötzlich einen großen Sprung.

Platsch! Das Minischwein landete mitten im Blumenbeet. Zufrieden grunzend wälzte Tim sich in der Erde und zerdrückte dabei mehrere Pflanzen. Dann fing er an, an den Blüten und Blättern zu knabbern. Amelie packte Tim entschlossen rund um den Bauch und wollte ihn wegziehen.

Doch er quiekte empört und wand sich zappelnd aus ihrem Griff. Da sprang auch Tammy in das Beet. Mac lief vor Aufregung laut bellend hin und her.

„**O nein!**", stöhnte Sam. „Die anderen zwei kommen auch her."

Daisy und Pip zogen ihre Frauchen hinter sich her und stürzten sich in das Blumenbeet. Sie

wühlten mit ihren Schnauzen durch die Erde, mampften Pflanzenstängel und gruben Wurzeln aus. Erdbrocken flogen in alle Richtungen. Amelie wischte sich Matsch aus dem Gesicht und starrte entsetzt auf das Chaos. Das Blumenbeet sah aus, als wäre es explodiert!

Annie und Kate kamen jetzt zu ihnen. Kates Wangen waren gerötet. „Stopp! Stopp!", schrie sie.

„Ihr ungezogenen Schweine!", rief Annie mit zerzausten Haaren.

Die beiden Frauen fischten Leckerlis aus ihren Taschen und hielten sie hoch: „**Kommt her**, ihr Schweinchen!"

Doch auch mit den Leckerlis dauerte es eine ganze Weile, bis sie die Schweine aus dem Blumenbeet gelockt hatten. Bekümmert starrte Annie die zerstörten Blumen an. „Seht euch diese Verwüstung an! Wir sagen besser im Rathaus Bescheid und entschuldigen uns. Aber zuerst bringen wir die Schweine nach Hause, bevor sie noch mehr Unfug anrichten."

Die beiden Frauen wohnten in einem Haus mit Flachdach am Ende einer kurvigen Straße. Durch ein Tor führten sie die Schweine in den Garten.

„**Oha!**", flüsterte Sam Amelie zu. „Hier sind keine Blumen."

Der Garten war eine einzige Matschfläche, die von hohen Hecken umgeben war. Überall im Schlamm waren Fußabdrücke der Schweine zu sehen. Der Garten wurde von einem Zaun in zwei Hälften geteilt – die eine war groß mit einem großen Schweinestall, die andere klein mit einem kleinen Schweinestall. Kate scheuchte Daisy und Pip in die große Hälfte und Tammy und Tim in die kleine.

„Sie leben nicht zusammen?", fragte Amelie überrascht.

Annie schüttelte den Kopf. „Schweine sind lieber mit Artgenossen in ihrer eigenen Größe zusammen", erklärte sie.

„Noch besser ginge es ihnen, wenn sie mehr Platz hätten", sagte Kate. „Aber sie haben schon den ganzen Garten für sich und umzuziehen können wir uns nicht leisten."

Die Schweine waren mit Erde verkrustet, deshalb wunderte es Amelie nicht, als Annie verkündete: „**Badezeit!**"

Kate holte ein pinkfarbenes Planschbecken herbei. Amelie und Sam hielten

Tammy und Tim fest, während Annie das Becken mit dem Wasserschlauch auffüllte. Als genug Wasser darin war, ließen Sam und Amelie die Schweine los und sie sprangen vergnügt hinein. Mac hüpfte ebenfalls in das Planschbecken. Die drei spritzten herum, kugelten sich im Wasser und purzelten übereinander.

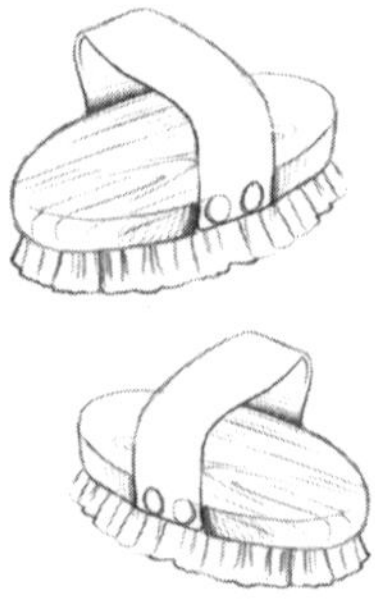

„Wollt ihr sie ein bisschen abschrubben?", fragte Kate und hielt zwei Bürsten hoch.

„**Ja!**", riefen Amelie und Sam sofort. Sie zogen ihre Schuhe und Strümpfe aus und stiegen in das Planschbecken. Sam schnappte sich Tammy und Amelie Tim. Das kleine Schwein hielt still und grunzte zufrieden, während sie ihm mit der Bürste über den Rücken strich. Amelie sah zu Sam und musste lachen. Er

schrubbte Tammy mit der Bürste, aber auch Mac bekam ein paar schnelle Bürstenstriche ab.

Die beiden großen Schweine sahen durch den Zaun zu und grunzten ungeduldig.

„**Jetzt seid ihr dran**, Daisy und Pip!", rief

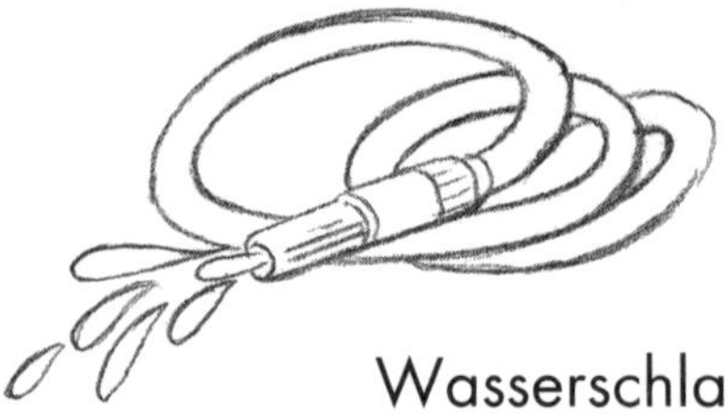

Annie. „Hier kommt eure Dusche!" Sie richtete den Wasserschlauch auf die beiden und brauste sie ab. Die zwei großen Schweine stießen sich aufgeregt an und genossen es grunzend, sich unter dem Wasserstrahl zu rekeln.

„Ich dachte, Schweine wären gerne schmutzig", sagte Sam.

„Das glauben viele Leute", antwortete Kate. „Schweine suhlen sich gerne im Schlamm, er kühlt sie ab und hilft ihnen, Flöhe loszuwerden. Aber hinterher waschen sie sich gerne wieder."

Als die Schweinchen sauber waren, hoben Annie und Kate Tammy und Tim aus dem Planschbecken und Sam und Amelie durften sie mit Handtüchern trocken rubbeln. Amelie schüttelte das Wasser von ihren Beinen. Als alle mehr oder weniger wieder trocken waren, bekamen die Schweine noch einmal Leckerlis.

Amelie betrachtete eines der Leckerlis. „Ist das ein Haferkeks?"

„So etwas Ähnliches", antwortete Kate. „Wir backen sie selbst aus Hafer, Rosinen und Kürbiskernen."

Tammy fraß ihr aus der Hand und Amelie lächelte glücklich. Plötzlich musste sie an Lenas und Sofias Hamster denken. Und da kam ihr eine Idee.

„**Sam!**", sagte sie. „Ich weiß, wie wir Flip helfen können."

Als Amelie früh am nächsten Morgen nach unten kam, duftete es wunderbar. Sternchen, ihre kleine Katze, war bereits in der Küche und starrte hoffnungsvoll zu Amelies Oma hoch, die gerade etwas aus einem dampfenden Topf in Törtchenformen verteilte.

„**Riecht lecker!**“, sagte Amelie.

„Ich mache Mini-Hühnerpasteten für den Backwettbewerb auf dem Genuss-Markt“, erklärte Oma.

„Komm“, sagte Amelie und streichelte Sternchen. „Du bekommst etwas von deinem eigenen Futter.“

Sie öffnete eine Futtertüte und gab den Inhalt in eine Schüssel. Während Sternchen fraß, öffnete Amelies Oma den Backofen und holte ein Blech mit goldgelben Pasteten heraus.

„Die erste Ladung sieht gut aus“, meinte Amelies Mutter, die gerade in die Küche kam.

Oma legte eine Pastete auf einen Teller, schnitt sie in Viertel und wedelte den heißen Dampf weg. „Probiert mal. Was denkt ihr?“

Amelie knabberte an der warmen Pastete.

„Köstlich! Da ist irgendetwas anderes drin als sonst, oder?"

Oma nickte. „Meine geheime Zutat – ein Gewürz namens Majoran." Sie probierte ebenfalls. „Hmmm ... irgendetwas fehlt aber noch. Mal überlegen ..." Sie öffnete die Küchenschränke und suchte darin herum.

Amelie grinste ihrer Mutter zu. „Ich gehe zu Sam rüber, wenn ich darf."

„**Na klar**", erwiderte ihre Mutter. „Wir sehen uns dann später auf dem Genuss-Markt."

Leckere Kekse

Sam und seine Eltern wohnten in der Alten Mühle, dem Gästehaus im Ort. Die Küche war riesig. Sams Vater kochte hier für die Hotelgäste. Amelie und Sam stellten den Laptop von Sams Mutter auf die Arbeitsplatte und sahen sich ein Video an, in dem gezeigt wurde, wie man Hamsterleckerlis macht.

„Ihr braucht Mehl, Wasser, Bananen und Erdnussbutter", sagte die Frau in dem Video. „Oh, und Hamster lieben auch viele verschiedene Kerne und Samen."

Sam wühlte in den Schränken und holte die Zutaten heraus. „**Dann mal los!**"

Sie zermatschten die Bananen in einer Schüssel, gossen Wasser hinzu und vermischten alles mit Erdnussbutter und Mohnsamen. Dann gaben sie vorsichtig das Mehl hinein

und verkneteten die Zutaten mit den Händen zu einer klebrigen Masse. Amelie trennte eine kleine Menge ab und rollte sie zwischen ihren Handflächen flach aus. Triumphierend hielt sie den Keks hoch. „Ta-daaa!"

Mac japste aufgeregt. „**Tut mir leid**, Mac", sagte Sam. „Das sind Hamsterleckerlis und keine für Hunde."

Sie formten aus dem Teig viele Kekse und legten sie auf ein Backblech, dann schoben sie es in den Ofen. Amelie stellte die Backzeit ein.

Während die Kekse gebacken wurden, gingen sie in den Garten und spielten mit Mac Ball. Der kleine Hund düste herum und fing den Ball. Dann begann der Ofenwecker in der Küche zu piepsen.

„Die Kekse sind **fertig**", sagte Amelie.

Sie gingen schnell ins Haus. Die Kekse rochen richtig lecker, obwohl sie Hamsterfutter waren. Amelie stellte das Blech auf dem Küchentresen ab, damit die Leckerlis auskühlen konnten.

Da klopfte es an die Hintertür und ein kahler Kopf lugte herein. Mr Fred war Stammgast in der Alten Mühle. „Ich suche meine Motorradhandschuhe. Mac hat sie doch nicht wieder verschleppt, oder?"

„Ich glaube nicht", meinte Sam und schüttelte den Kopf.

„Vielleicht habe ich sie in meinem Zimmer liegen gelassen", sagte Mr Fred. Er betrachtete die Kekse auf dem Blech. „Ich darf doch?", sagte er. Bevor sie ihn aufhalten konnten, griff er nach einem Keks und steckte ihn in den Mund. „Hmm", sagte er mampfend.

„Na, wie schmeckt es?", fragte Amelie neugierig und unterdrückte mühsam ein Kichern.

Mr Fred runzelte die Stirn. „Also einen Preis werden diese Kekse wohl nicht gewinnen, um ehrlich zu sein. Aber sie schmecken **ganz okay**."

Mr Fred nahm sich einen zweiten Hamsterkeks und ging. Über die Schulter rief er noch: „Wir sehen uns auf dem Genuss-Markt!"

☆ ☆ ☆

Das Restaurant der Familie Silva befand sich am anderen Ende von Welford. Sam führte Mac an der Leine und Amelie trug die Hamsterleckerlis. Sie klapperten in der Plastikdose, der Mac immer wieder begehrliche Blick zuwarf.

Sam lachte. „Jetzt weiß ich, was ich machen muss, damit Mac perfekt bei Fuß läuft. Ich muss einfach nur Hamsterleckerlis mit mir rumtragen."

Amelie grinste ihn an. „**Zum Glück** haben wir die Schweine getroffen", sagte sie. „Sonst wäre ich nie auf die Idee gekommen, selbst Hamsterkekse zu backen."

Sie liefen am Bauernhaus der Familie Parish vorbei und entdeckten ihren Freund Caleb. Er saß auf dem Zaun und sah seinen zahmen Lamas, Larry und Liam, beim Grasen zu.

„Kommst du auch zum Genuss-Markt?", fragte Sam.

Ihr Freund nickte. „Mama hat verschiedene Marmeladen gemacht", sagte er. „Und Paps hat coole Schürzen genäht."

Calebs Vater war Designer. Amelie überlegte, ob sie wohl eine seiner Schürzen als Geburtstagsgeschenk für ihre Oma kaufen sollte.

„Den Lamas scheint ihr neues Zuhause zu gefallen", sagte Amelie und beobachtete die fressenden Tiere.

„Ja, sie lieben es", erwiderte Caleb. „Sie haben viel Platz. Auf der Weide könnte eine ganze Herde Lamas wohnen."

Amelie ließ ihren Blick über die Weide schweifen und dachte an Daisy und Pip. Die zwei großen Schweine waren in dem kleinen Garten so eingepfercht. Vielleicht ... „Caleb", fragte sie dann, „magst du Schweine?"

„Ich **liebe** Schweine!", sagte er. „Warum?"

Amelie erzählte ihm von Annies und Kates Problem, dann deutete sie auf die große Koppel.

„Die Schweine brauchen nur eine schöne, große Matschecke und einen Stall."

Caleb sprang vom Zaun. „Ich werde Paps fragen, was er davon hält!" Schnell sauste er zum Haus.

Wuff!

Amelie drehte sich um. Warum bellte Mac? Da sah sie es und ihr wurde mulmig ums Herz. Tiffany Banks und ihr Hund Mr Funkel spazierten die Straße entlang. Tiffany ging mit Sam und Amelie zur Schule. Sie war nicht besonders nett, aber Mr Funkel spielte gern. Er wedelte mit dem Schwanz und sprang auf und ab. Die blaue Schleife auf seinem flauschigen weißen Kopf wippte schwungvoll.

Sam seufzte. „Sieht so aus, als wolle Mr Funkel **Hallo** sagen ..."

Die beiden Hunde begrüßten sich schnuppernd und bellend.

Tiffany rümpfte die Nase. „Dein struppiger Hund sollte lieber aufpassen, dass er Mr Funkels Fell nicht schmutzig macht."

„Warum muss sie immer so unfreundlich sein?",

dachte Amelie. Dann ermahnte sie sich selbst. Nur weil Tiffany nicht nett sein konnte, musste sie selbst ja nicht unfreundlich zu ihr sein. Auch Tiffany trug eine Plastikdose bei sich. „Was hast du da dabei?"

„Macarons für den Genuss-Markt", antwortete Tiffany. „Ich habe sie heute Morgen gebacken."

Sie öffnete den Deckel. In der Dose lagen perfekte runde Kekse in Pastellfarben – pink, grün und gelb.

„Die sehen **toll** aus", sagte Sam.

„Ich weiß", sagte Tiffany eingebildet. „Was habt ihr gemacht?"

Amelie öffnete ihre Dose und zeigte Tiffany die Hamsterkekse.

Tiffany kicherte abfällig. „Die werden keinen

Preis gewinnen, das steht mal fest. Sie sehen unappetitlich aus."

Amelie machte die Dose wieder zu.

„Sie sind auch nicht für Menschen", erklärte Sam. „Sie sind für einen kranken Hamster."

„Außerdem ist es unwichtig, wie sie aussehen", fügte Amelie hinzu. „Wichtig ist nur, wie sie schmecken."

Tiffany grinste. „Dann hofft mal, dass ein Hamster der Richter im Backwettbewerb ist", sagte sie. Sie warf ihren Pferdeschwanz über die Schulter und stolzierte davon, Mr Funkel zog sie hinter sich her.

Die Zwillinge streiten

Die Eingangstür des Restaurants war verschlossen, aber Amelie hörte Geräusche von der Hinterseite. Dort entdeckten sie eine geöffnete Tür. In der Luft lag der Geruch von würzigem Essen. Da kam Mr Silva mit einer Kiste aus der Küche und ging zu seinem Transporter.

„**Hallo!**", grüßte er sie. „Das Restaurant hat heute leider nicht geöffnet."

„Wir wollten eigentlich zu den Zwillingen", erklärte Amelie.

„Sie sind drinnen", sagte Mr Silva und nickte zur Tür. „Streiten sich wahrscheinlich."

Sam band Mac an einen Pfosten und befahl ihm, Sitz zu machen. In der Küche trafen sie Mrs Silva in ihrem weißen Kochkittel, die gerade in mehreren Töpfen auf dem Herd rührte. Dann öffnete sie einen riesigen Ofen und holte mit einer Zange Naan-Brote heraus. Und schon eilte sie zu einem Kohlegrill hinüber, auf dem Fleisch brutzelte.

„Was als Nächstes?", fragte Mr Silva, als er wieder in die Küche kam.

„Rühr mal in dem Topf da", sagte Mrs Silva. „Es darf nicht zu fest werden."

„In welchem Topf?“, fragte Mr Silva. Drei Töpfe mit Curry-Gerichten blubberten auf dem Herd.

„In dem mit dem Masala“, antwortete seine Frau.

Mr Silva nahm einen Löffel und rührte.

„Vergiss die Dose mit dem Koriander nicht, sie steht im Kühlschrank“, sagte seine Frau, während sie den Grillspieß wendete und etwas Wasser auf den Rost spritzte. Rauch stieg in die Luft auf und hüllte sie alle ein.

Mrs Silva wischte sich über die Stirn. „Wie lange noch, bis der Genuss-Markt startet?“

Sam sah auf seine Uhr. „Noch eine Stunde.“

„**Oje!**“, sagte Mrs Silva. „Wir haben zu wenig Zeit eingeplant!“ Hektisch stapelte sie das Naan-Brot in eine Pappschachtel.

Mr Silva lächelte Sam und Amelie zu. „Ich würde an eurer Stelle hier verschwinden. Sonst bekommt ihr von meiner Frau auch noch eine Aufgabe.“

Sam und Amelie gingen daraufhin die Treppe

hoch zur Wohnung der Familie, die über dem Restaurant lag. Schon auf den Stufen hörte Amelie Musik und die Stimmen der Zwillinge.

„Du hast gesagt, ich darf jetzt meine Serie sehen!“

„Wenn das Lied fertig ist!“

„Du hörst es dir doch schon den ganzen Tag an!“

„Übertreib nicht!“

„Benutz doch deine Kopfhörer.“

Amelie klopfte und öffnete die Tür. Lena und Sofia starrten sich wütend an. Doch als sie Sam und Amelie sahen, breitete sich ein Lächeln auf ihren Gesichtern aus.

„**Hallo!**“, sagten sie gleichzeitig.

Amelie öffnete den Deckel von ihrer Plastikdose und hielt sie ihnen stolz hin. Die Zwillinge blickten hinein. Sofia kräuselte die Nase. „Sind das Kekse?"

„Hamsterkekse", sagte Amelie. „Für Flip."

Die Zwillinge sprangen begeistert auf. „**Toll!** Vielen Dank, das ist ja super!", rief Lena.

„Wir dachten, dass die ihm vielleicht Appetit machen", erklärte Sam.

Da stieß etwas gegen Amelies Fuß. Sie sah nach unten und entdeckte einen durchsichtigen Plastikball, in dem sich ein Goldhamster abstrampelte und den Ball dadurch vorwärtsbewegte. Jetzt stieß er gegen einen Stuhl. Der Hamster setzte sich auf und rieb die Pfötchen aneinander. Dann drehte er sich um und der Ball rollte weiter Richtung Tür.

Amelie grinste. „Sieht so aus, als ob es Flip besser geht. Sollen wir ausprobieren, ob ihm die Kekse schmecken?"

„**Oh**, das ist nicht Flip", sagte Sofia. „Das ist Fips."

Amelie bemerkte Sams verdutzten Gesichtsausdruck. „Fips?", fragte sie. „Habt ihr zwei Hamster?"

„Ja", sagte Lena. „Flip ist mit seinem eigenen Ball unterwegs, er ist hinter das Sofa gerollt."

Amelie beugte sich über das Sofa und entdeckte den Hamsterball, aber er war leer. Die kleine Tür stand offen. „Äh, er ist aber nicht mehr drin", sagte sie.

Die Zwillinge hasteten herbei.

„Du hast das Türchen nicht richtig geschlossen", beschuldigte Lena ihre Schwester.

„Ich habe Fips in seinen Ball gesetzt und du Flip", erwiderte Sofia.

„Nein, hab ich nicht."

„Das ist doch egal", unterbrach Sam sie.

Die Mädchen sahen sich an. „Wir müssen ihn suchen", sagte Lena.

„Okay, **keine Panik**", sagte Amelie und sah sich auf dem Boden um. Hoffentlich war Flip nicht so weit weggelaufen.

Sie suchten unter den Sesseln und dem Sofa, aber dort war keine Spur des Hamsters. Dann durchsuchten Lena und Sofia die Küche und das Badezimmer. Als sie ins Wohnzimmer zurückkamen, fing Lenas Unterlippe an zu zittern.

„Nichts", sagte Sofia, ihre Augen füllten sich mit Tränen.

„**Keine Sorge**", meinte Amelie schnell. „Ich bin mir sicher, dass wir ihn finden."

„Wo ist sein Käfig?", fragte Sam.

„In unserem Zimmer“, antwortete Sofia. „Es ist ein Stockwerk höher, aber Flip kann gut klettern.“

Sie führte Sam und Amelie zur Treppe. „Lena, du hast Fips vergessen“, sagte Sofia empört. „Ist es dir etwa egal, wenn wir ihn auch noch verlieren?“ Sie hob den Hamster samt Ball auf, schubste Lena zur Seite und trampelte die Treppe hoch.

Lena machte ein finsteres Gesicht. „Wenigstens habe ich Fips' Ball richtig zugemacht.“

„Nein, das war ich!“

„Es ist unwichtig, wessen Schuld es ist“, unterbrach Amelie den Streit. „Der arme Flip ist ganz allein und wir müssen ihn unbedingt finden.“

Das Zimmer der Zwillinge war ziemlich vollgestellt und unordentlich. Ein Stockbett stand an einer Wand. Von dem oberen Bett hing ein Schlafanzug und die Decke war zerwühlt, das

untere war ordentlich gemacht. Die eine Hälfte des Fußbodens war mit Spielsachen und Kleidungsstücken übersät, die andere war aufgeräumt, alle Bücher und Spielsachen reihten sich ordentlich ins Regal. Am Fenster stand ein **Hamsterkäfig**. Er war nicht sehr groß und vollgestopft mit Kletterrampen, zerkauten Papier-

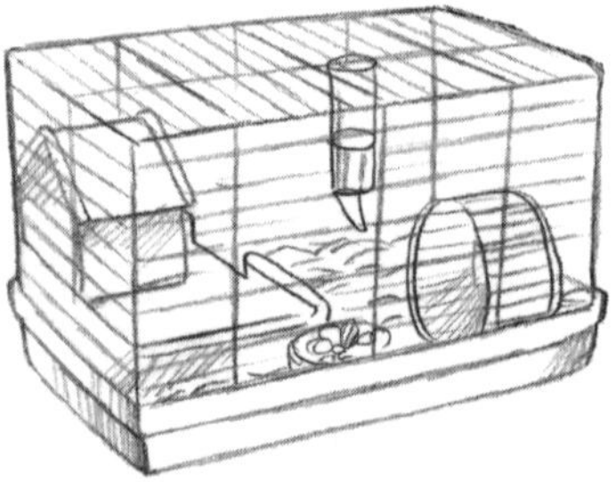

rollen, einem Hamsterrad, einem Hamsterklo und einem Fressnapf. Der Boden war mit Streu ausgelegt.

Lena sah hinein und schüttelte den Kopf. „Hier ist er nicht."

Sofia öffnete den Hamsterball und ließ Fips in den Käfig klettern.

„Leben Flip und Fips beide in dem Käfig?", fragte Amelie.

Lena nickte. „Sie sind Brüder", erklärte sie. „Deshalb wohnen sie gerne zusammen."

Amelie war sich da nicht so sicher. Sie musste

wieder an Daisy und Pip denken und den engen Raum, auf dem sie lebten.

„Wir suchen besser auch im Zimmer unserer Eltern", sagte Lena.

Nachdem die Schwestern verschwunden waren, sahen Amelie und Sam sich an.

„Ich dachte, Hamsterbälle soll man nicht mehr verwenden, weil Hamster darin Angst bekommen und sich wehtun können", sagte Sam leise.

„Ja, und ich bin mir ziemlich sicher, dass Mrs Hope mal gesagt hat, dass Hamster lieber **allein** wohnen", flüsterte sie.

Sam hob die Augenbrauen und betrachtete das Stockbett. „Ich glaube, so geht es Lena und Sofia auch!"

Hamsternotfall

Fips wuselte zum Futternapf. Er nahm sich einen Sonnenblumenkern und knabberte daran herum. Geschickt drehte er den Kern in seinen Vorderpfoten hin und her, bis die gestreifte Hülle abfiel. Er fraß den Kern und mümmelte dann ein paar Haferkörner. Nachdem er den halben Napf leer gefuttert hatte, fing er an, seine Backen mit dem Rest vollzustopfen. Sein Gesicht wurde breiter und breiter, bis der Napf leer war.

Amelie runzelte die Stirn. „Fips nimmt sich das ganze Futter und für Flip bleibt nichts mehr übrig, vielleicht ist er deswegen so dünn", dachte sie.

Da kamen Lena und ihre Schwester zurück. „Im Elternschlafzimmer ist er auch nicht."

„Lasst uns noch einmal im Wohnzimmer suchen", schlug Amelie vor. „Vielleicht haben wir etwas übersehen."

Unten verteilten sie sich und suchten den Boden auf Händen und Knien ab. Doch von Flip gab es keine Spur.

„Er kann doch nicht einfach so **verschwunden** sein", sagte Sam.

Die Tür wurde geöffnet und Mr Silva kam herein. „Kinder, wir wollen gleich los zum Genuss-Markt. Wollt ihr ..." Da bemerkte er ihre unglücklichen Gesichter. „Was ist denn los?"

„Lena hat Flip verloren", sagte Sofia.

„Nein, Sofia hat ihn verloren!", wehrte sich Lena.

Amelie mischte sich ein, bevor erneut ein Streit ausbrach. „Wir glauben, dass er irgendwo in der Wohnung ist“, sagte sie. „Die Tür zum Restaurant ist ja geschlossen.“

Mr Silva schlug die Hand vor den Mund. „**O nein!**“, sagte er. „Normalerweise ist sie geschlossen, ja, aber vorhin habe ich sie geöffnet, weil ich Sachen die Treppe hoch- und runtergetragen habe.“

„Flip ist abgehauen!“, heulte Lena.

Alle eilten nach unten ins Restaurant.

„Fahr du schon mal vor“, sagte Mr Silva zu seiner Frau. „Ich bleibe hier und helfe, nach Flip zu suchen.“

Mrs Silva fuhr los und die anderen durchkämmten sorgfältig das Restaurant. Sie suchten unter den Tischen und hinter der Bar, aber von Flip fehlte jede Spur.

Jetzt blieb nur noch die Küche. In der Spüle stapelten sich schmutzige Töpfe und Pfannen.

„**Guckt mal**", sagte Sofia. „Ich habe etwas gefunden."

Auf dem Boden lag ein kleines Häufchen schwarzer Köttel und daneben abgebissene, feuchte Pappstücke.

„Hat hier nicht die Schachtel mit dem Naan-Brot gestanden?", fragte Sam.

Mr Silva bekam große Augen. „Du hast recht! Sieht so aus, als ob Flip sich einen Weg in die Schachtel genagt hat." Er zog sein Handy aus der Tasche und rief seine Frau an. Bedauernd schüttelte er den Kopf. „Sie geht nicht dran."

Amelie runzelte die Stirn. „Wenn Flip auf dem Markt entwischt, finden wir ihn nie wieder."

Die Zwillinge schluchzten auf.

Schnell rannte Amelie zur Tür. „**Los, kommt!**", rief sie den anderen zu. „Wir müssen zum Genuss-Markt, bevor Flip aus der Schachtel klettert."

Sie rannten den ganzen Weg bis zum Dorfplatz. Mac düste mit wedelndem Schwanz voraus. Als sie näherkamen, drang eine Mischung der verschiedensten Gerüche in Amelies Nase – süß und würzig, fruchtig und herzhaft.

Auf der Wiese waren viele Stände aufgebaut und in der Mitte war ein riesiges Zelt. Die Zeltplane war auf der einen Seite geöffnet, drinnen reihten sich Biertische und Sitzbänke aneinander. Am Kopfende befand sich eine kleine Bühne. Auf ihr stand der Bürger-

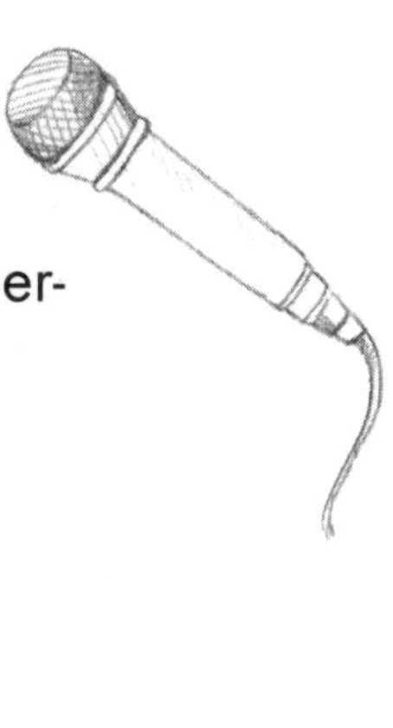

meister und testete das Mikrofon. „**Test**, eins, zwei", sagte er gerade.

Sie liefen an den Ständen entlang und Amelie sah die köstlichsten Speisen, die man sich nur vorstellen kann. Es gab eingemachte Soßen und Schokolade, Würstchen und Eintöpfe. Sie sog die Luft ein und schnupperte, ob sie ein Currygericht ausmachen konnte.

Mac versuchte, Sam zu einem Stand zu ziehen, an dem ein Mann Würstchen grillte, aber Sam zog ihn zurück. „Wir haben jetzt keine Zeit für Würstchen, Mac. Wir suchen Mrs Silvas Stand." Auf Zehenspitzen blickte er über die Köpfe der Marktbesucher hinweg und zeigte ins Zelt. „Da ist Mrs Silva, Amelie!"

Sie rannten an Amelies Oma vorbei, die gera-

de eine Hühnerpastete zum Backwettbewerb trug. „Hallo, Kinder", sagte sie. „Wo wollt ihr ..."

„Entschuldigung, Oma!", rief ihr Amelie im Laufen zu. „Wir haben einen **Hamsternotfall!**"

Sie rannte am Stand von Bauer Steven vorbei und wäre beinahe mit Calebs Vater zusammengestoßen. Mr Parish wich ihr aus, den Arm voll mit bunten Schürzen.

„Ob Caleb ihn wohl schon wegen der Schweine gefragt hat?", dachte Amelie kurz. Aber sie hatte keine Zeit, ihn jetzt danach zu fragen.

Mr und Mrs Hope winkten ihnen von einem Tisch zu, auf dem Teller mit Keksen standen, die wie Pfotenabdrücke aussahen.

„**Wir müssen weiter**", keuchte Sam im Vorbeisprinten. „Wir sind auf Hamsterjagd!"

Mrs Silva war noch damit beschäftigt, das

Essen anzurichten. Auf einem Gaskocher wurden Töpfe mit Curry erhitzt und in einem tragbaren Ofen frittiertes Gemüse warm gehalten.

„Ihr habt es aber eilig", sagte Mrs Silva. „Wollt ihr etwas Curry?"

„Wo ist die Schachtel mit dem Naan-Brot?", fragte Amelie.

„Hier unten", erwiderte Mrs Silva und deutete zu ihren Füßen.

Amelie lehnte sich über den Tisch und entdeckte die Schachtel. Der Deckel war offen. „O nein", dachte sie. „Flip ist rausgekrabbelt!"

Lena und Sofia hatten sie jetzt eingeholt. „**Da ist er!**", keuchte Lena.

Neben einem Tischbein saß Flip und knabberte an

einem Naan-Brot. Seine kleinen Äuglein glänzten und seine Barthaare zitterten. Amelie wollte ihn greifen, aber Flip entwischte und lief durch das volle Zelt davon.

„**Fangt ihn!**", schrie Sam.

Sie stürmten dem Hamster hinterher.

„Was ist denn los?", fragte Mrs Silva, aber die Kinder hatten keine Zeit, es ihr zu erklären. Flip tauchte zwischen den Beinen der Besucher auf und verschwand wieder unter den Tischen. Amelie, Sam und die Zwillinge liefen ihm, so schnell es ging, nach. Da sauste er unter einen Kinderwagen. Der kleine Junge, der darin saß, lachte

und deutete auf die andere Seite, wo der Hamster gerade wieder hervorkam. Dann erreichte Flip die Zeltwand und kroch unter der Plane hindurch.

„Er ist draußen!“, keuchte Amelie.

Hastig liefen sie nach draußen auf die Wiese.

„**Da!**“, schrie Sam. „Am Saftstand!“

Fast verborgen hinter einem Berg aus Obst und Gemüse stand ein bärtiger Mann, der aus Gemüse und Früchten Saft presste. Neben dem Stand waren Äpfel aufgestapelt und Flip kletterte sie hoch wie eine Leiter.

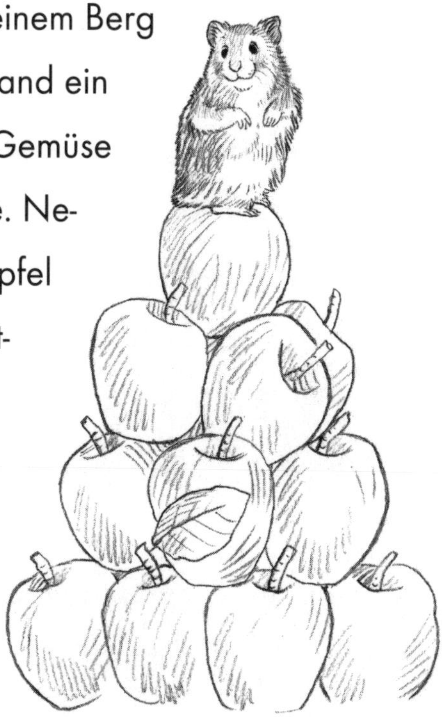

Noch im Rennen rief Amelie: „**Hallo**, Sie da! Achtung!“

Dem bärtigen Mann klappte vor Erstaunen der Mund auf, als er Flip wie einen goldenen Fellapfel auf all den grünen und roten Äpfeln sitzen sah. Er streckte die Hand nach ihm aus, aber Flip war zu schnell für ihn. Der kleine Hamster sprang auf den Tisch und verschwand zwischen den Karotten und Kohlköpfen.

Wieder streckte sich der Mann, um ihn zu fangen, dabei stieß er gegen den Tisch. Das Obst fing an zu wackeln und dann ...

PLUMPS! Eine große Ananas landete auf dem Boden.

PLATSCH! Mehrere Mangos und Birnen stürzten ab.

RUMPEL! Der Apfelstapel brach zusammen und Äpfel kullerten überallhin. Sie rollten unter Amelies Füße, die mit den Armen ruderte und das

Gleichgewicht verlor. Auch Sam rutschten die Beine weg und er fiel hin. Mac hüpfte bellend um sie herum und jagte den Früchten nach.

„**Autsch!**“, jammerte Amelie. Sam und sie waren beide auf dem Po gelandet, um sie herum verteilten sich die Äpfel.

Entsetzt starrte der bärtige Mann auf das abgestürzte Obst. „War das eine … Maus?"

„Es tut uns wirklich leid", sagte Amelie und rappelte sich hoch. Sie half Sam auf die Beine. „Wir erklären es später."

Verzweifelt suchte sie den Bereich rund um den Stand ab und sah Flip, der mitten in einer Besuchergruppe verschwand. Amelie wurde es vor Schreck ganz kalt ums Herz. Flip lief im Zickzack an Schuhen und Stiefeln vorbei, dann tauchte er wieder unter der Zeltplane durch.

„Jemand wird noch auf ihn drauftreten!", klagte Amelie.

Ein großer Schäferhund fing an zu bellen und zog an der Leine in Flips Richtung.

„Oder ihn fressen!", fügte Sam hinzu.

Da fiel Amelies Blick auf den Bürgermeister und plötzlich hatte sie eine Idee. Sie stürzte vor zur Bühne und schnappte sich das Mikrofon. „**Hilfe!**", schrie sie ins Mikrofon. „Wir müssen den Hamster fangen!"

Unerwartete Hilfe

Alle starrten Amelie überrascht an, auch der Bürgermeister, ein untersetzter Mann mit der goldenen Amtskette um den Hals.

„Ein Hamster?“, fragte eine Frau, die gerade einen Pfannkuchen

mit Schokoladenfüllung aß. „Wie kommt ein Hamster hierher?"

„Das ist eine lange Geschichte", antwortete Amelie ins Mikrofon. Sie sah Lena und Sofia den Boden absuchen, beide machten ängstliche Gesichter. „Wir müssen ihn einfangen und sicher nach Hause bringen. Seine Besitzerinnen vermissen ihn sehr. **Bitte** helft uns, Flip zu finden!"

Zustimmendes Gemurmel wurde laut, dann fingen alle an, vorsichtig das Zelt zu durchsuchen.

Auch Mr und Mrs Hope beteiligten sich an der Suche. „Wenn Flip etwas zustößt, sind sie wenigstens da und können helfen", dachte Amelie.

„Er ist hier!", rief eine Jugendliche mit einem Eis in der Hand.

„Er ist unter den Tisch da gekrochen", sagte ein Mann, der Käse anbot.

„Jetzt ist er hinter den Kisten verschwunden!", rief jemand anders.

„Ihhh!"

Amelie wirbelte herum. Mrs Grantling, eine ältere Dame aus dem Ort, fuchtelte mit einem Geschirrhandtuch an ihrem Kuchenstand herum. „Runter von meinem Kuchen!", kreischte sie. „**Husch!**"

Amelie und Sam hasteten zu ihr. Mr Fred bediente sich gerade an den Keksen.

„Nicht so gut wie eure", sagte er mit dem Mund voller Krümel.

Obstkuchen, Biskuitrollen, Karottenkuchen und Törtchen waren auf dem Tisch ausgebreitet. Zwei Kuchen waren mit weißem Zuckerguss verziert, über den sich eine Spur aus winzigen Pfotenabdrücken zog, so wie durch frisch gefallenen Schnee. Amelie beugte sich vor. Das waren **echte** Pfotenspuren!

Die Spur führte zum Tischrand und dann einen Stapel Schachteln hinab, in denen Servietten und Pappteller aufbewahrt wurden. Amelie und Sam folgten den zuckrigen Abdrücken. Und da war Flip – schon wieder auf dem Weg aus dem Zelt hinaus.

Sam schlug sich verzweifelt an die Stirn. „Nicht schon wieder!"

Amelie stöhnte. „Wir werden ihn nie fangen!"

Sie spurteten aus dem Zelt. Da flog etwas Pinkfarbenes an ihnen vorbei durch die Luft. Ein Macaron landete im Gras, aber Flip rannte weiter.

„Magst du keine Kekse?", rief Tiffany. „Die sind wirklich lecker." Sie warf einen neuen Macaron in die Luft – diesmal einen grünen. Flip blieb tatsächlich stehen und schnupperte an ihm.

Amelie hielt die Luft an. Mit zitternden Barthaaren begann Flip, an dem Macaron zu knabbern.

Blitzschnell schnappte sich Amelie den Hamster, hob ihn hoch und drückte ihn Lena in die Hände. Kurz dachte sie, dass Sofia meckern würde, aber dieses

eine Mal stritten die Zwillinge nicht. Flip knabberte immer noch an dem Macaron.

„**Oh**, Tiffany", hauchte Amelie. „Du hast es geschafft!"

„Klar habe ich es geschafft", sagte Tiffany triumphierend. „Meine Macarons sind unwiderstehlich!"

„Vielen Dank!" Sofia warf ihre Arme um Tiffany und drückte sie fest. „Du hast unseren Hamster gerettet!"

„Du bist eine Heldin", sagte Lena. Sie reichte Flip ihrer Schwester. „Hier, du kannst ihn jetzt halten. Er soll wissen, dass wir beide da sind." Sofia lächelte ihre Schwester an und beide streichelten den kleinen Hamster.

„Gut, dass er frisst", meinte Sam.

„Gut, dass sich die Zwillinge einig sind", dachte Amelie.

„Wollt ihr auch einen?", fragte Tiffany und hielt ihnen den Teller mit den Macarons hin.

„Bist du sicher?", fragte Amelie. „Brauchst du sie nicht für den Backwettbewerb?"

Tiffany zuckte mit den Schultern. „**Schon okay**. Haustiere sind wichtiger als Backwettbewerbe. Für mich wäre es schrecklich, wenn ich Mr Funkel verlieren würde."

Alle nahmen sich einen Macaron.

„Mmm", sagte Lena, „lecker."

„Sie sind köstlich", sagte Sam.

Amelie nickte, mit vollem Mund konnte sie nicht antworten.

Tiffany wurde rot und sah etwas verlegen aus.

Mr Silva kam auf sie zu und winkte mit einer

leeren Plastikdose. „Sofia, setz Flip hier rein. Ich habe Luftlöcher in den Deckel gebohrt. Nach seinem Abenteuer ist er bestimmt erschöpft."

Vorsichtig setzte Sofia Flip in die Dose und er rollte sich sofort zusammen. „Jetzt schaut euch um und habt Spaß", sagte ihr Vater. „Ich kümmere mich um Flip."

Die Zwillinge liefen los zu ein paar Kindern aus ihrer Klasse und Tiffany ging zu Mr Parishs Stand, um sich die Schürzen anzusehen.

„Ich habe so einen **Hunger**", sagte Sam. „Besorgen wir uns etwas zu essen."

„Auf was hast du denn Lust?", fragte Amelie und rieb sich hungrig über den Bauch.

Sam schmunzelte. „Auf alles außer Äpfel. Wie wäre es mit einem Curry?" Mac bellte, als wäre er einverstanden.

Amelie und Sam gingen zu Mrs Silvas Stand. Sie stellten sich in die Schlange und lasen die Speisekarte, die auf eine Tafel geschrieben war.

„Huhn für mich, bitte", sagte Amelie.

„Ich nehme Lamm", sagte Sam.

„Ich kann euch nur Reis dazu geben", sagte Mrs Silva bedauernd. „Das Naan-Brot musste ich wegwerfen, aber wenigstens ist Flip in Sicherheit."

Sie reichte ihnen das Essen und schüttelte den Kopf, als sie bezahlen wollten. „Das geht aufs

Haus", sagte sie lächelnd. „Als **Dankeschön**, weil ihr geholfen habt, Flip einzufangen."

Amelie und Sam setzten sich auf die Wiese und aßen die würzigen Currygerichte. Danach verputzten sie noch ein Eis und dann gesellten sie sich zu den Leuten im Zelt, die auf die Preisverleihung warteten. Amelie und Sam stellten sich zu Amelies Oma, die ihnen ein nervöses Lächeln zuwarf.

„**Viel Glück**", wünschte Amelie ihr.

Der Bürgermeister verkündete die Gewinner des Backwettbewerbs. Amelie hielt den Atem an, als er auf die Pasteten zu sprechen kam. Der Bürgermeister räusperte sich. „Der erste Preis geht an ... Carla! Für ihre köstliche Hühnerpastete!"

Amelie jubelte und klatschte. Oma warf die Hände vor das Gesicht, aber ihr Lächeln konnten sie nicht verbergen. Sie ging ihren Preis holen und kam mit einer rot glänzenden Pastetenform zurück.

„**Glückwunsch**, Oma", sagte Amelie und umarmte sie.

Der Bürgermeister sprach weiter: „Und nun zu einem besonderen Preis für eine geistesgegenwärtige junge Dame, die bei der Hamsterrettung geholfen hat. Tiffany! Bitte komm zu mir und hole dir deinen Preis ab."

Tiffany ging nach vorne und Amelie jubelte so laut wie alle anderen, als der Bürgermeister ihr eine Schachtel mit Pralinen überreichte.

Tiffany lächelte.

„Es war nett von Tiffany, uns zu helfen", flüsterte Sam.

Amelie nickte. Heute hatte sie eine ganz andere Seite von Tiffany kennengelernt. „Vielleicht ist sie doch nicht so blöd", dachte sie.

Jedem sein Plätzchen

Als der Genuss-Markt zu Ende ging, blieben Sam und Amelie noch da und halfen den Silvas aufzuräumen. Flip schlief sicher in seiner Dose.

„Bestimmt ist er vom vielen Herumrennen müde“, sagte Sam.

„Außerdem hat er den Bauch voll mit leckeren Macarons“, sagte Lena lachend.

Dann spazierten Amelie und Sam mit Mac nach Hause. Kaum hatten sie Amelies Haus betreten,

wehte ihnen der süße Duft von Kuchen in die Nasen. Amelies Bauch fing an zu knurren.

Sie gingen in die Küche, wo Amelies Oma gerade ihre neue Pastetenform aus dem Ofen zog.

„Du hast schon wieder gebacken?", wunderte sich Amelie.

„Ein netter Mann vom Obststand hat mir einen Haufen Äpfel geschenkt", erwiderte Oma. „Er sagte, sie seien zu verdrückt und er könne sie nicht mehr gebrauchen."

„**Äh**, das ist wahrscheinlich unsere Schuld", murmelte Sam.

Amelie und er aßen den Apfelkuchen mit einer dicken Schicht Sahne aus dem Kühlschrank. Sternchen kam in die Küche, sah bettelnd zu

Amelie hoch und miaute traurig. In ihren Schnurrhaaren hingen ein paar Krümel.

„Oma? Hat Sternchen Apfelkuchen gegessen?", fragte Amelie.

„Hm, hm", sagte Oma und machte ein schuldbewusstes Gesicht. „Nur ein, zwei Krümel. Sie sah so hungrig aus."

Sam lachte glucksend. „So macht es Mac auch. Er tut immer so, als wäre er gleich am Verhungern!"

Amelie streichelte über Sternchens weiches Fell und ließ sie den Rest von der Sahne aufschlecken. „Wer ist ein kleines Schlecker-Schweinchen?", gurrte sie. Dann wandte sie sich grinsend an Sam. „Das erinnert mich daran, dass wir Pläne machen müssen ..."

Ein paar Tage später waren Sam und Amelie bei ihrem Freund Caleb zu Besuch und halfen dabei, einen **Kratzbaum** zu bauen. Mr und Mrs Parish hatten einen großen Teil von einem Feld durch einen Zaun abgetrennt und dort einen Schweinepferch errichtet. Der Kratzbaum in der Mitte sollte das abschließende Sahnehäubchen werden.

Annie und Kate unterhielten sich mit Mrs Parish. Larry und Liam, die Lamas, standen auf der anderen Seite des Zauns und sahen wie neugierige Nachbarn herüber.

Daisy und Pip schnüffelten aufgeregt durch ihr neues Gehege. Amelie hämmerte den letzten Nagel in den Holzpfosten. „**Fertig**“, sagte sie. Daisy stupste sie ungeduldig an und Amelie machte einen Schritt zur Seite.

Der Kratzbaum bestand aus einem Holzpfosten, der im Boden verankert und mit Matten aus Kokosfasern umwickelt war. Daisy und Pip stellten

sich rechts und links des Pfostens auf und schubberten sich zufrieden grunzend an den Borsten.

Sam stieß einen Jubelschrei aus. „Sie mögen ihn!"

„Alles hier gefällt ihnen", sagte Amelie. „Es ist einfach **perfekt**." Der Schweinepferch bot Daisy

und Pip sehr viel Platz zum Herumlaufen und genügend Gras, um darin zu graben.

Mrs Parish nickte zufrieden. „Sie gewöhnen sich gut ein. Ich bin so froh, dass wir sie zu uns genommen haben. Das war eine tolle Idee, Amelie."

Caleb grinste. „Kaum zu glauben, dass wir jetzt zwei Schweine haben und außerdem die Lamas. Noch vor Kurzem hatten wir gar keine Haustiere. Und jetzt sind es vier wirklich große!"

„Ihr habt fast genug für einen Streichelzoo", sagte Amelie lachend.

Mr und Mrs Parish sagten nichts dazu, aber Amelie bemerkte den Blick, den sie sich zuwarfen.

„Hm", dachte sie. „Vielleicht wäre das gar keine schlechte Idee."

„So, wir sagen jetzt besser Tschüs zu unseren riesigen Minischweinen", meinte Annie.

Kate und sie kraulten Daisy und Pip die Ohren und gaben ihnen ein paar selbst gemachte Hafer-

leckerlis. „**Auf Wiedersehen**, ihr Schweine. Wir besuchen euch, sooft wir können."

„Ihr seid jederzeit willkommen", sagte Mrs Parish lächelnd.

„Vielen Dank", erwiderte Kate. „Wir werden sie vermissen, aber wir wissen, dass sie hier viel glücklicher sein werden. Und Tammy und Tim haben ab jetzt viel mehr Platz für sich."

Annie sah auf die Uhr auf ihrem Handy. „Wir müssen los. Wir müssen noch das Blumenbeet neu bepflanzen."

Mr und Mrs Hope kamen an, gerade als die beiden Frauen sich verabschiedet hatten. Die Tierärzte schritten durch das Gehege und lächelten zufrieden. „Was für ein toller Schweinepferch", sagte Mrs Hope. „Er ist **fantastisch**. Daisy und Pip haben es wirklich gut getroffen."

„Ja", sagte Mr Hope. „Ihr habt die Tierklinik Pfötchen stolz gemacht."

„Vielen Dank", freute sich Amelie. Sie hatte das Gefühl, ihr Herz würde gleich platzen vor Glück. Sam grinste und sie klatschten sich ab. „Mr und Mrs Hope, da Daisy und Pip jetzt mehr Platz haben und bestens versorgt sind, wollte ich Sie noch etwas anderes fragen ..."

„**Überraschung!**", rief Amelie, als Lena und Sofia ihnen kurze Zeit später die Tür öffneten.

„Na, was denkt ihr?", fragte Sam. Er trug einen Hamsterkäfig und Amelie eine Dose mit frisch gebackenen Hamsterkeksen.

Die Zwillinge starrten sie verdutzt an.

„Ich habe ein bisschen nachgeforscht“, erklärte Amelie. „Statt einen Hamsterball zu benutzen, wäre es besser für Fips und Flip, zusätzlich ein Auslaufgehege zu haben. Und es ist so, dass Hamster lieber **allein** leben. Ich habe Mr und

Mrs Hope gefragt und sie waren auch dieser Meinung. Sie haben uns deshalb diesen Käfig überlassen."

„Flip kann also sein eigenes Zuhause bekommen", fügte Sam hinzu.

„Und Fips kann ihm nicht mehr das Futter klauen", sagte Amelie.

„Das ist ja **toll**", freute Lena sich.

„Dann lasst uns den Käfig gleich für ihn herrichten", meinte Sofia.

Sie gingen die Treppe hoch ins Zimmer der Zwillinge und jetzt war Amelie überrascht. Statt des Stockbetts standen sich nun zwei Einzelbetten gegenüber. Eines war nicht gemacht und das andere ganz ordentlich, in der Mitte dazwischen befand sich eine freie Fläche.

„Mama und Papa haben sie uns gekauft", erklärte Lena. „Es ist schöner, ein eigenes Bett zu haben."

„Lena vermischt ihre Sachen auch nicht mehr mit meinen", erzählte Sofia.

Lena hob einen Teddybären von der ordentlichen Seite auf und setzte ihn auf ihr Bett. „Also fast nicht mehr." Die Zwillinge sahen sich an und lachten.

Amelie lächelte Sam zu. Die Mädchen stritten nicht mehr ständig, weil nun jedes seinen eigenen Bereich hatte. Auch die Hamster würden hoffentlich glücklicher sein. So wie Daisy und Pip.

Sam stellte den neuen Käfig neben den alten, in dem Flip und Fips zusammengerollt schliefen. Lena und Sofia richteten den Käfig ein, mit Streu auf dem Boden und einer Schlafkiste.

Dann nahm Sofia die Dose mit den Hamsterkeksen. Sie raschelte damit und Flip und Fips wachten auf. Die beiden Hamster gähnten und setzten sich mit zuckenden Schnurrhaaren an das Gitter.

Lena grinste. „Sie lieben die Leckerlis." Sie nahm Flip heraus und setzte ihn in den neuen Käfig. Einen Augenblick lang hielt Flip ganz still, als müsste er erst entscheiden, ob ihm der Käfig gefiel. Dann begann er ihn zu erkunden. Aufmerksam beschnupperte er jede Ecke.

„**Hier**, Flip. Dein erster Keks im neuen Zuhause." Sofia gab ihm einen Hamsterkeks. Er nahm ihn in die Vorderpfoten und knabberte zufrieden daran.

„Dürfen wir Fips auch einen geben?", fragte Sam.

„Aber nur ein kleines Stück", sagte Sofia und brach etwas von einem Keks ab. „Mr Hope hat gesagt, dass er zu dick ist, weil er Flip immer das Futter weggefressen hat. Er macht jetzt Diät."

Die Hamster fraßen ihre Kekse. Danach erforschte Flip seinen neuen Käfig, während Fips sich putzte. Erst leckte er jedes Krümelchen von seinen Pfoten, dann wusch er sich Gesicht und Ohren.

„**Sehr schön**", sagte Sam. „Ich muss jetzt mit Mac Gassi gehen. Wer kommt mit?"

„Ich!", sagte Lena und sprang auf. „Wir können in den Park gehen."

„Der Park ist doch doof", sagte Sofia. „Im Wald ist es viel schöner."

„Wir können doch erst in den Park und dann in den Wald gehen", schlug Amelie vor.

Die Schwestern nickten.

Die Zwillinge liefen nach unten, um ihre Schuhe anzuziehen. Amelie und Sam folgten ihnen langsamer.

„Sie sind sich trotzdem nicht immer einig", flüsterte Sam.

„So ist es eben manchmal mit Schwestern", antwortete Amelie grinsend. Als sie die Zimmertür schloss, warf sie noch einmal einen Blick auf Fips und Flip, die zufrieden in ihren Käfigen saßen.

Bei einer Sache sind wir uns aber alle einig – Tieren zu helfen, ist das **tollste Gefühl** der Welt!

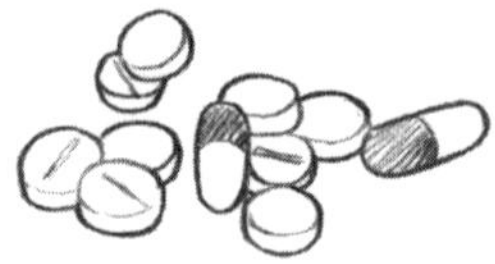

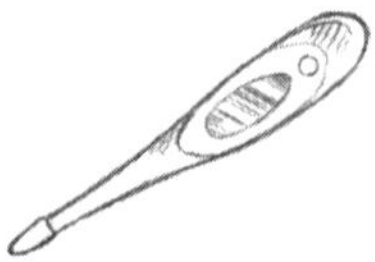

Tiertipps

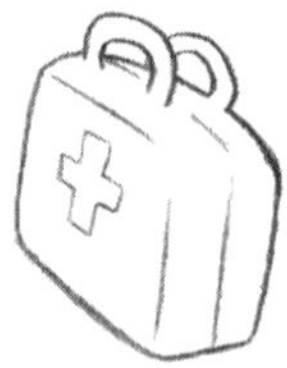

Liebst du Tiere so sehr wie Amelie und Sam? Hier sind ein paar Tipps, wie du dich am besten um Tiere kümmerst.

Tierpflege

1. Tiere brauchen immer **frisches Wasser**.

2. Sie brauchen auch **Futter** – frage deinen Tierarzt, welches Futter das richtige ist und wie viel das Tier benötigt.
3. Manche Tiere, so wie Hunde, brauchen jeden Tag genug **Bewegung**.
4. Tiere brauchen auch viel **Liebe**. Du solltest immer sehr lieb zu deinem Haustier sein und darauf achten, dass du nichts tust, was es verletzen könnte.

Wann zum Tierarzt?

Manchmal werden Tiere krank. So wie du werden sie meistens von allein wieder gesund. Aber wenn sich dein

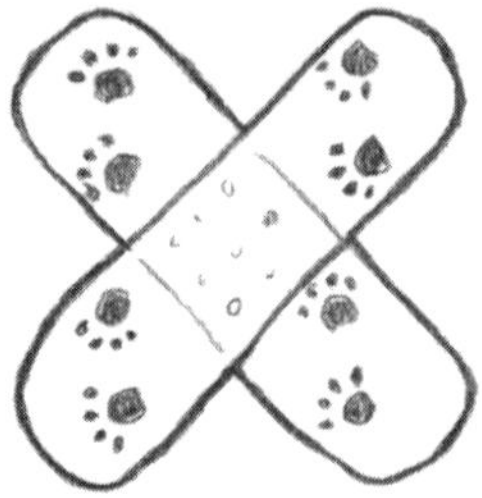

Haustier **verletzt** hat oder es ihm schlecht geht, musst du mit ihm zum **Tierarzt** gehen. Manche Tiere müssen auch **geimpft** werden, damit sie keine schlimmen Krankheiten bekommen. Dein Tierarzt kann dir erklären, was dein Haustier braucht.

Wildtieren helfen

1. Frage immer zuerst einen Erwachsenen um Erlaubnis, bevor du dich einem fremden Tier näherst.
2. Wenn du einen verletzten Vogel oder ein anderes Tier findest, das sich nicht bewegen kann, fasse es nicht an.

3. Wenn du dir Sorgen um das Tier machst, kannst du dich an den **Naturschutzbund** (NABU) wenden.

Das will ich lesen!

Band 5

ISBN 978-3-7432-0942-8

Amelie bekommt die Hauptrolle beim Theaterstück ihrer Schule – superaufregend! Genauso spannend ist es in der Tierklinik. Dort trifft Amelie einen kleinen Hund, der trotz verheilter Pfote noch immer humpelt. Wie kann sie ihm nur helfen, seine Angst zu überwinden und wieder richtig laufen zu lernen?

Loewe
Das will ich lesen!